DERIB + JOB

YAKARI
L'ESCAPADE DE L'OURSON

COULEURS : DOMINIQUE

LE LOMBARD
BRUXELLES

D/2012/0086/184
ISBN 978-2-8036-3173-5

R 01/2016

Dépôt légal : octobre 2009
Imprimé en Union européenne par Canale

LES ÉDITIONS DU LOMBARD
7, AVENUE PAUL-HENRI SPAAK
1060 BRUXELLES - BELGIQUE

YAKARI
L'ESCAPADE DE L'OURSON
DERIB + JOB
L'AUTOMNE COMMENÇAIT À PRENDRE SES COULEURS ... LES SAUMONS REMONTAIENT LEUR TORRENT NATAL POUR FRAYER ...
ENCORE RATÉ !
PAS TRÈS HABILE, L'OURSON !
JE DEVRAIS M'Y PRENDRE AUTREMENT ...
27 X 08

* LIRE "LA RIVIÈRE DE L'OUBLI".

QUE VEUX-TU DIRE ?
JE L'AI QUITTÉE.
QUOI ?!
JE N'EN POUVAIS PLUS !
ELLE N'ARRÊTAIT PAS DE ME CAJOLER ...
... DE ME GAVER DU MATIN AU SOIR.
TU ES LE PLUS MIGNON DES OURSONS.
J'AI CUEILLI POUR TOI LES BAIES LES PLUS SAVOUREUSES !
ELLE ME BERÇAIT COMME SI J'ÉTAIS UN NOUVEAU-NÉ.
ELLE VEILLAIT SANS ARRÊT SUR MOI.
3
FAIS DODO, MON DOUX TRÉSOR.
NE T'ÉLOIGNE PAS ! LA FORÊT EST PLEINE DE DANGERS !

UN BEAU MATIN, J'AI PRIS MON COURAGE À DEUX PATTES ET JE LUI AI DIT...
ÉCOUTE-MOI, JE SAIS QUE TU ES UNE BONNE MÈRE, MAIS TU EXAGÈRES.
J'EXAGÈRE ? MOI !
TU NE VOIS PAS QUE J'ÉTOUFFE ? J'AI BESOIN DE PRENDRE UN PEU D'AIR... D'ÊTRE SEUL UN MOMENT...
MON COEUR CHAVIRE...
JE T'EN SUPPLIE, LAISSE-MOI PARTIR...
4
ALORS ?
FIGUREZ-VOUS QU'ELLE A ACCEPTÉ...

...À UNE CONDITION : PROMETS-MOI DE NE PAS T'ABSENTER TROP LONGTEMPS. SINON...
SINON ?
...JE DÉPÉRIRAI... JE MOURRAI D'INQUIÉTUDE !
JE TE LE PROMETS.
ET ME VOILÀ, LIBRE COMME L'AIR !
QUELLE HISTOIRE !
TU N'AS PAS FAIM ?
UN SAUMON M'IRAIT BIEN.
AUSSITÔT DIT...
5
ATTRAPE !

LE POISSON CRU POUR RAYON-DE-MIEL... LE CUIT POUR YAKARI ... L'HERBE TENDRE POUR PETIT TONNERRE ... ON SE RÉGALAIT.

* LIRE "YAKARI ET L'OURS FANTÔME", "LE CHÊNE QUI PARLAIT" ET "YAKARI ET LES APPALOOSAS".

CHACUN ÉTANT RASSASIÉ...
YAKARI, COMMENT ÇA FAIT D'ALLER À CHEVAL ?
TU N'AS QU'À ESSAYER.
MONTE !
PAS FACILE ...
POUR COMMENCER... AU PAS.
PUIS AU TROT...
...ET MAINTENANT AU GALOP !
YOUPI !

EMPOIGNE MA CRINIÈRE !
OUILLE, OUILLE, OUILLE !
OUF !
ON AURA TOUT VU !
8
ALORS, CETTE CHEVAUCHÉE ?
INOUBLIABLE !

PLUS TARD ...
IL T'ARRIVE DE MONTER AUX ARBRES ?
PARFOIS ...
TU SUIS ?
JE FAIS DE MON MIEUX.
LE PREMIER EN HAUT ...
... A GAGNÉ !
SI ÇA LES AMUSE ...
PAS TROP DUR ?
JE N'AI PAS DE GRIFFES, MOI !
CRAMPONNE-TOI !
BIENTÔT FINIES, LES GRIMPETTES, L'OURSON !

* LIRE "LA VENGEANCE DU CARCAJOU".

SALUT, FOUGUEUX PONEY !
TE REVOILÀ, TOI !
UN PETIT GALOP ?
POURQUOI PAS UN VOL PLANÉ ?
?!
EEEH !
!!
QU'EST-CE QUI T'A PRIS ?
J'AI DÉJÀ PROMENÉ YAKARI ET RAYON-DE-MIEL... SUFFIT POUR AUJOURD'HUI.

JE VOUS LAISSE. JE DOIS FAIRE MES PROVISIONS DE NOIX ET DE GLANDS POUR L'HIVER.
BONNE RÉCOLTE !
IL NE NOUS RESTE PLUS QU'À DESCENDRE.
LE PREMIER EN BAS...
12
!
AW!
BOM
YAKARI A GAGNÉ !

* IL S'AGIT DE L'EFFRAIE, LA CHOUETTE LA PLUS RÉPANDUE SUR TERRE. ON L'APPELLE AUSSI L'EFFRAIE DES CLOCHERS, LA DAME BLANCHE OU LE FANTÔME DE LA NUIT.

AU COURS DE LA NUIT ...
ZZZ RRR
COUCOU, MAMAN !
TU TE RENDS COMPTE ? JE VOLE !
?
ET APRÈS, TU CROIS M'IMPRESSIONNER ?
VA FAIRE LE MALIN AILLEURS !
OH ! LÀ ... LÀ ... ELLE EST DE MAUVAIS POIL !

YAKARI, LUI AUSSI, RÊVAIT...
CELA M'INQUIÈTE.
IL N'EST PAS LÀ.
RAYON-DE-MIEL !
TU N'AS PAS VU RAYON-DE-MIEL ?
QUI ?
TON FILS, VOYONS !
JE N'AI PLUS DE FILS !
15

LES ENFANTS SONT DES INGRATS.
ZZZ
ON LES DORLOTE ! ON LES GÂTE ! ON LES POURRIT !
RÉSULTAT ?
D'UN JOUR À L'AUTRE, ILS S'ÉCLIPSENT SANS DIRE UN MOT.
MAIS... RAYON-DE-MIEL T'AVAIT PRÉVENUE...
16
SI JE COMPRENDS BIEN, TU ES DE SON CÔTÉ ?
EUH ...
DISPARAIS DE MA VUE, PAPOOSE !

PENDANT CE TEMPS...
J'AI MON PLAN...
AILLEURS...
LA NUIT EST AVANCÉE ET MON OURSON N'EST TOUJOURS PAS REVENU.
POURVU QU'IL NE LUI SOIT PAS ARRIVÉ MALHEUR !
IL S'EST PEUT-ÊTRE PERDU DANS LA PROFONDEUR DE LA FORÊT...
17
ET SI UN GLOUTON L'AVAIT ATTAQUÉ ?!
J'EN TREMBLE ...

JE PARS À SA RECHERCHE !
MAIS NON ! IL A PROMIS DE NE PAS S'ABSENTER TROP LONGTEMPS...
JE DOIS DONC LUI FAIRE CONFIANCE.
PEUT-ÊTRE QU'UN BON SOMME M'AIDERA À PATIENTER.
AU MATIN...
CONTENT DE TE REVOIR, TOI !
BIEN DORMI ?
J'AI RÊVÉ QUE JE VOLAIS AU-DESSUS DE MA MÈRE... J'AVAIS BEAU EXÉCUTER LES ACROBATIES...
LES VOILÀ DE NOUVEAU RÉUNIS.
18
...LES PLUS FOLLES, ÇA LA LAISSAIT COMPLÈTEMENT INDIFFÉRENTE.

J'AI AUSSI RÊVÉ D'ELLE.
RACONTE !
ELLE ÉTAIT VEXÉE ... ELLE NE SUPPORTAIT PAS QUE TU AIES PU LA QUITTER.
ELLE ME PARDONNERA TOUT DÈS QU'ELLE ME REVERRA.
BIENTÔT FINI, CE BAVARDAGE ?!
?
JE DORS LE JOUR, MOI !
COMME TOUTES LES CHOUETTES !
TU PARLES AUX OISEAUX, TOI ?
PAS SEULEMENT ...
19
YAKARI CONVERSE AVEC TOUT CE QUI VIT.
N'EST-CE PAS, RAYON-DE-MIEL ?
PETIT TONNERRE DIT VRAI.

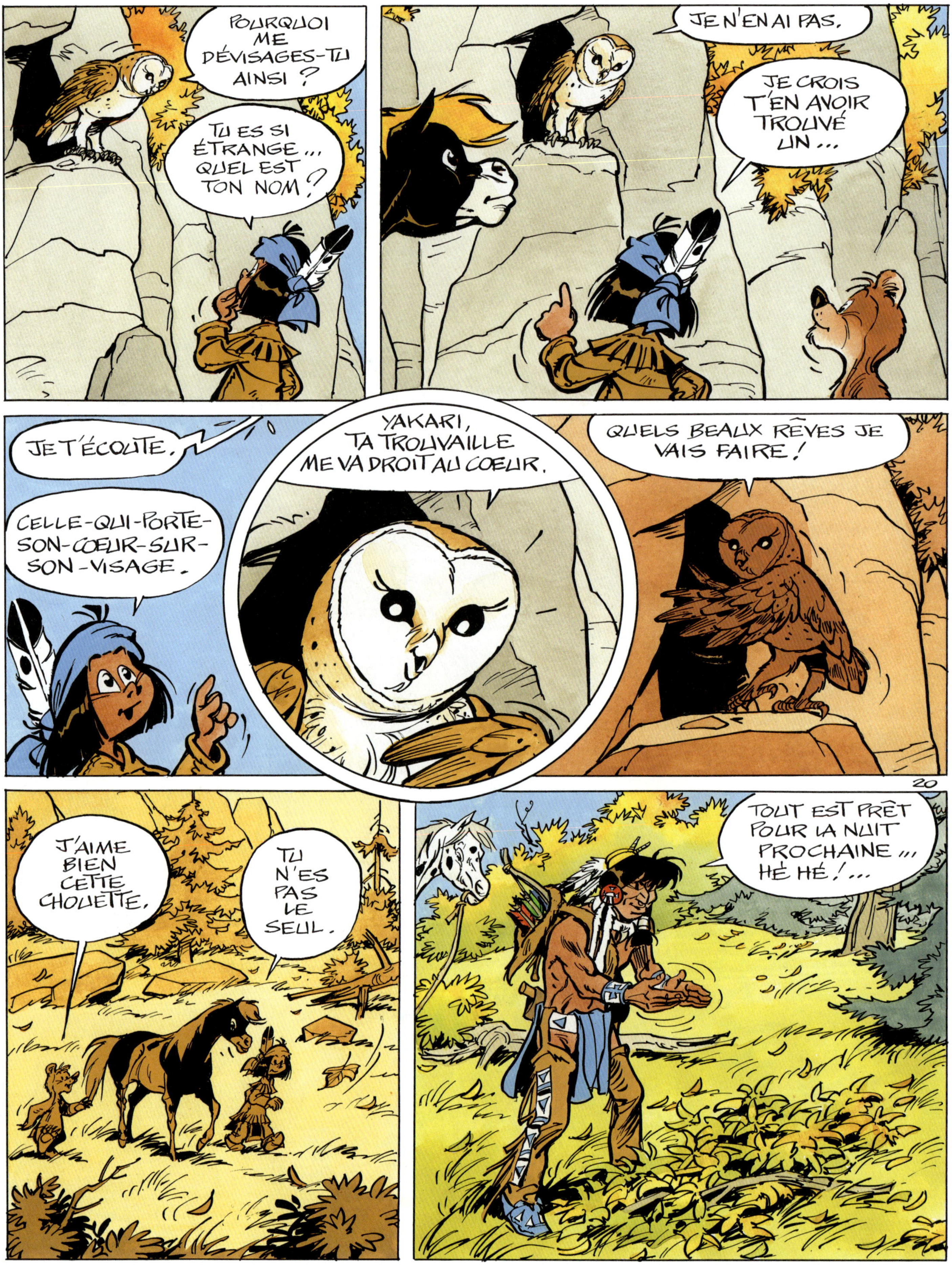
POURQUOI ME DÉVISAGES-TU AINSI ?
TU ES SI ÉTRANGE... QUEL EST TON NOM ?
JE N'EN AI PAS.
JE CROIS T'EN AVOIR TROUVÉ UN...
JE T'ÉCOUTE.
CELLE-QUI-PORTE-SON-COEUR-SUR-SON-VISAGE.
YAKARI, TA TROUVAILLE ME VA DROIT AU COEUR.
QUELS BEAUX RÊVES JE VAIS FAIRE !
20
J'AIME BIEN CETTE CHOUETTE.
TU N'ES PAS LE SEUL.
TOUT EST PRÊT POUR LA NUIT PROCHAINE... HÉ HÉ !...

AU COURS DE LA JOURNÉE...
?
SNIF SNIF
QUE SE PASSE-T-IL, PETIT TONNERRE ?
SNIF
VOUS NE SENTEZ RIEN ?
SNIF
SNIF
SNIF SNIF
21
MAIS... ÇA SENT L'OURS...
NON ! PAS ELLE ! PAS MA MÈRE !

* LIRE "YAKARI ET LE GRIZZLY", "YAKARI ET L'ÉTRANGER", "LE DIABLE DES BOIS" ET "LE MARCHEUR DE NUIT".

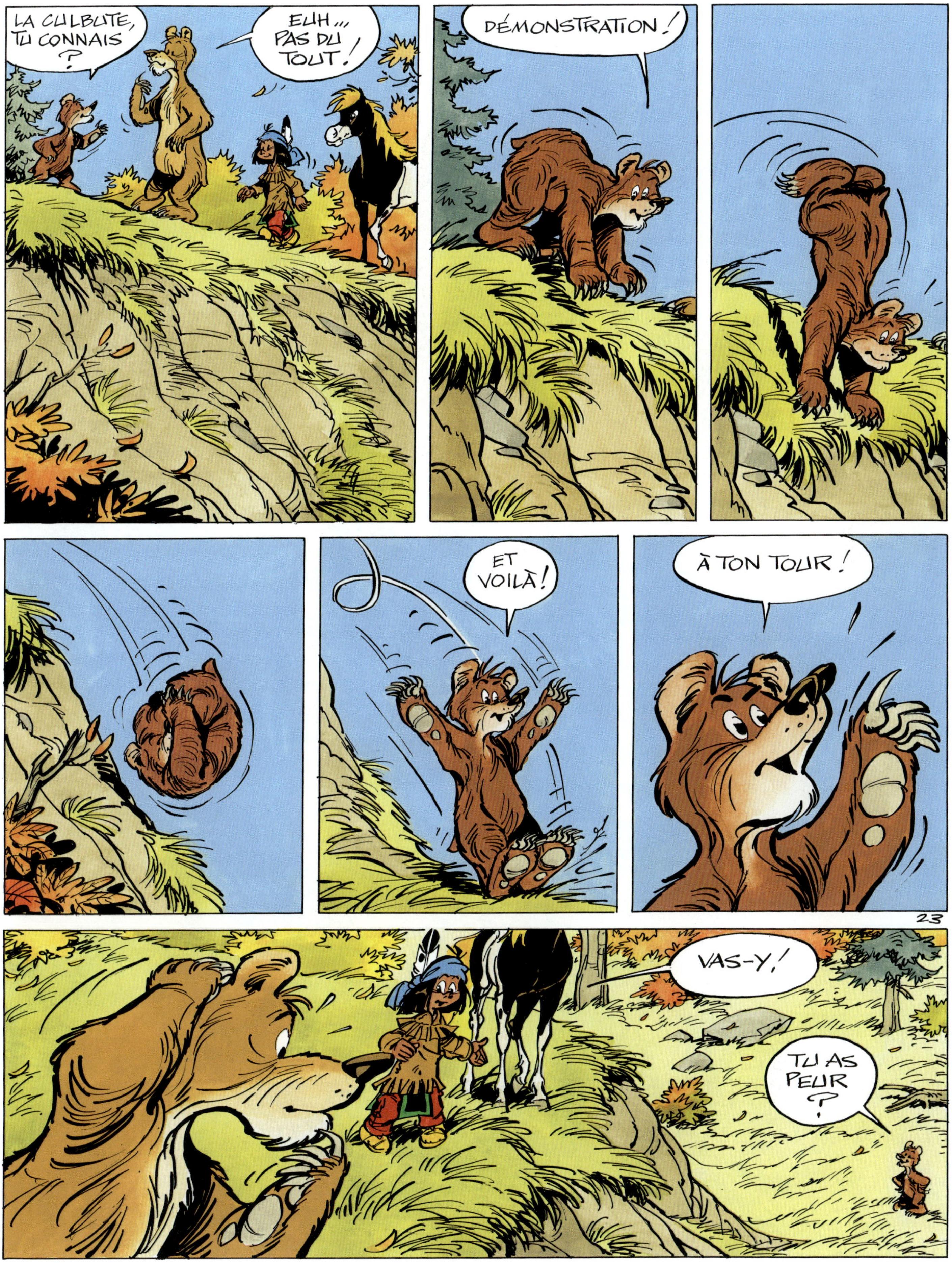
LA CULBUTE, TU CONNAIS ?
EUH... PAS DU TOUT !
DÉMONSTRATION !
ET VOILÀ !
À TON TOUR !
23
VAS-Y !
TU AS PEUR ?

!?
EEEEH!
FAUDRA QUE TU T'EXERCES UN PEU, MON GRAND !
24
VOUS VOUS DÉCIDEZ, VOUS DEUX ?
ON ARRIVE !

C'EST CE QU'ON APPELLE UNE GLISSADE !
UNE VRAIE ...
PAS VENTRE À TERRE !
DE QUOI ?
PASSONS... QUE DIRAIS-TU D'UNE PARTIE DE SAUTE-OURSON ?
TIENS-TOI AINSI.
LE TEMPS DE M'ÉLANCER ...
...ET HOP !

À MOI, MAINTENANT !
26
AY...
...AAA!
?
HUU!
!!
PAF

TRICHEUR !
TU VAS L'AVOIR, TA FESSÉE !
COURS TOUJOURS !
QU'EST-CE QU'ILS S'EN DONNENT !
AMUSE-TOI PENDANT QUE TU PEUX, L'OURSON...
27
ON RIGOLE BIEN, HEIN ?
SURTOUT TOI !
SI ON FAISAIT UNE PETITE PAUSE ?
COMME TU VOUDRAS.

PUIS CE FUT LE DERNIER JEU DE LA JOURNÉE...
PRÊT?
PRÊT!
28
HAN!
YAAHO!
QUEL SAUT!
DOUBLEMENT PÉRILLEUX!

DANS MES BR...
PAF
AÏE!
OUILLE!
BOM
JE NE SAVAIS PAS QUE TU ÉTAIS SI LOURD!
MOI NON PLUS...
LE JOUR TOMBE. JE RETOURNE DANS MA CAVERNE.
À DEMAIN, RAYON-DE-MIEL.
IL A FAIT BON JOUER AVEC TOI.
29
CETTE NUIT-LÀ...
IL DORT COMME UN LOIR.
C'EST LE MOMENT!

RR... SNIF!
DU MIEL!
MIAM!
?!
ON ME FAIT UNE FARCE ...
30
?
C'EST TOI, YAKARI ?
AAAHH!

ENFIN !
UN CHASSEUR !
MAMAN ! AU SECOURS !
TAIS-TOI !
L'ODIEUX INDIVIDU !
AYANT COMPRIS QU'IL VALAIT MIEUX NE PAS SE DÉBATTRE, RAYON-DE-MIEL SE LAISSA EMMENER PAR ARC-TENDU ...
31
PAUVRE OURSON !
JE TIENS MA VENGEANCE !
J'AI TROP PEUR !

* RELIRE "YAKARI ET L'OURS FANTÔME", ** "LE CHÊNE QUI PARLAIT", *** "YAKARI ET LES APPALOOSAS".

YAKARI NE TE RETROUVERA JAMAIS ! IL SERA TERRIBLEMENT MALHEUREUX...
... AINSI, JE SERAI VENGÉ DE TOUTES LES HUMILIATIONS QU'IL M'A FAIT SUBIR !
COMPRIS, L'OURSON ?
QUEL EXCITÉ, CELUI-LÀ !
LE TEMPS DE VÉRIFIER SI TU ES TOUJOURS BIEN ATTACHÉ...
33
... JE VAIS FAIRE LE GUET DEVANT MON TIPI.

AUX PREMIÈRES LUEURS DU JOUR ...
TOUTES CES FOURRURES BLANCHES ...
QUELLE HORREUR !
HEUREUSEMENT QUE LA MIENNE EST BRUNE ...
AU PIED DE LA PAROI ROCHEUSE.
OÙ EST RAYON-DE-MIEL ?
ENLEVÉ !
QUOI ?
CELLE-QUI-PORTE-SON-COEUR-SUR-SON-VISAGE RACONTA CE QU'ELLE AVAIT VU ...
ET TU NE NOUS AS PAS ALERTÉS ?
JE VOUS AI CHERCHÉS, EN VAIN.
34
ALORS JE ME SUIS DIT QUE LE MIEUX ÉTAIT DE VOUS ATTENDRE ICI ...
TU AS EU RAISON.

SUIVEZ-MOI !
VOILÀ LE PIÈGE DANS LEQUEL J'AI VU TOMBER L'OURSON.
REGARDEZ ! IL Y A DU MIEL AU FOND.
IL A SERVI D'APPÂT...
35
JE LE CONNAIS. IL S'APPELLE ARC-TENDU.
C'EST LUI, LE RAVISSEUR !

* RELIRE "YAKARI ET L'OURS FANTÔME" ET ** "LA RIVIÈRE DE L'OUBLI".

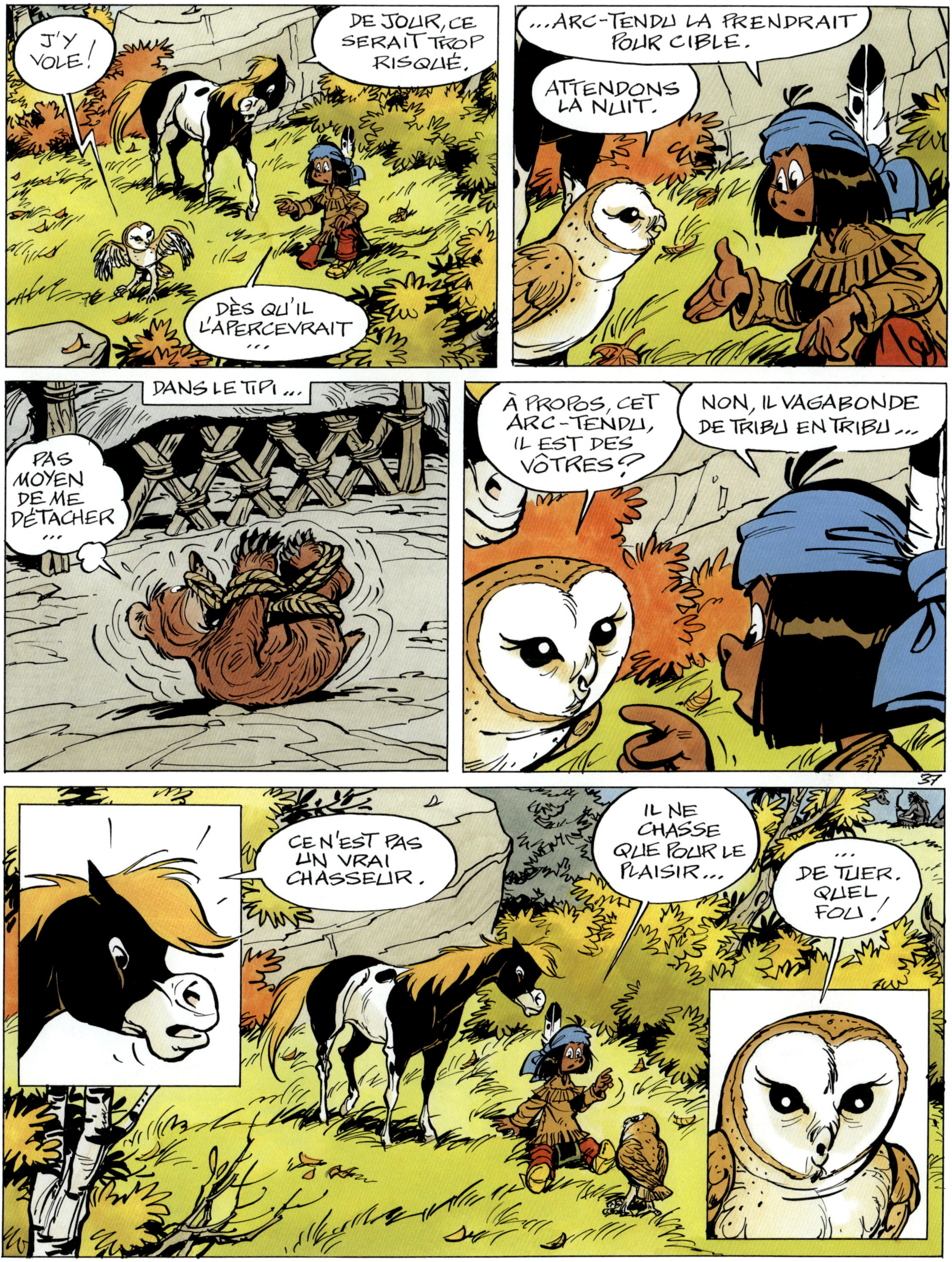
DE JOUR, CE SERAIT TROP RISQUÉ.
J'Y VOLE !
DÈS QU'IL L'APERCEVRAIT ...
... ARC-TENDU LA PRENDRAIT POUR CIBLE.
ATTENDONS LA NUIT.
DANS LE TIPI ...
PAS MOYEN DE ME DÉTACHER ...
À PROPOS, CET ARC-TENDU, IL EST DES VÔTRES ?
NON, IL VAGABONDE DE TRIBU EN TRIBU ...
37
CE N'EST PAS UN VRAI CHASSEUR.
IL NE CHASSE QUE POUR LE PLAISIR ...
... DE TUER. QUEL FOU !

ENFIN, LA NUIT VINT...
IL DORT PROFONDÉMENT... À MON TOUR, MAINTENANT.
RRR ZZ
VOUS L'ENTENDEZ ?
ET COMMENT !
JE PEUX Y ALLER ?
C'EST DONC PAR LÀ...
J'AVAIS COMPRIS.
CE N'EST PAS MA FAUTE, MAMAN, SI UN AFFREUX CHASSEUR M'A ENFERMÉ...
38
COMME ANNONCÉ...
CETTE FOIS, J'Y VAIS !

PAR OÙ ?
PAR ICI !
JE RECONNAIS LES EMPREINTES DES PETITS PETONS DE MON OURSON.
JE N'AI PLUS QU'À SUIVRE SA PISTE.
39
MAIS... ELLE S'ARRÊTE AU BORD DE L'EAU !
OÙ REPREND-ELLE ?

C'EST AFFREUX ! J'AI PERDU LA TRACE DE MON PETIT !
TU CHERCHES TON FILS ?
RAYON-DE-MIEL ! MONTRE-TOI, JE T'EN SUPPLIE !
UNE CHOUETTE !
40
SUIS-MOI.
IL EST VIVANT ?
DIS-MOI LA VÉRITÉ.
D'ABORD, ON SE CALME. VOILÀ CE QU'IL EN EST...

CET ARC-TENDU NE VA PAS TARDER À SAVOIR CE DONT UNE MÈRE EST CAPABLE...
... QUAND ON LUI ARRACHE SON UNIQUE ENFANT !
ELLE EN MET DU TEMPS, NOTRE CHOUETTE ...
POURVU QU'ELLE L'AIT TROUVÉE !
41
IL L'A ATTIRÉ DANS CETTE TRAPPE...
... AVEC DU MIEL... TROP FACILE !
DÉPÊCHONS ! NOUS NE SOMMES PAS ENCORE ARRIVÉES.

TU AS UN NOM, BRAVE CHOUETTE ?
CELLE-QUI-PORTE-SON-COEUR-SUR-SON-VISAGE.
UN PEU LONG... MAIS JOLI.
C'EST YAKARI QUI ME L'A DONNÉ.
UN PAPOOSE PLEIN DE DÉLICA-TESSE.
ET TOI, COMMENT T'APPELLES-TU ?
LA MÈRE. TOUT COURT !
42
VOILÀ YAKARI ET PETIT TONNERRE ...
LA MÈRE ! ENFIN, TU ES LÀ !
OÙ SE CACHE CET INFÂME RAVISSEUR ?
UN PEU PLUS TARD...
DONC, J'ENTRE DANS LE TIPI AU MOMENT OÙ TU RÉVEILLES ARC-TENDU...
...À MA MANIÈRE, TU VAS VOIR ÇA !

RRR ZZ
TOK
YAKARI !
SORTONS VITE !
RESTE AVEC NOUS !
GROA
AU SECOURS !
43
VAS-Y, MAMAN !

REGARDEZ COMMENT JE TRAITE LES BOURREAUX D'ENFANTS !
PITIÉ !
BRAVO !
HAN !
AAAH !
SUPERBE TRAJECTOIRE !
44
PAF
AW !
ET VOILÀ !
CRAC

NOUS NE REVERRONS PAS ARC-TENDU DE SITÔT...
BON DÉBARRAS !
DANS MES BRAS, MON TRÉSOR RETROUVÉ !
PAS SI FORT... TU M'ÉTOUFFES !
C'EST PLUS FORT QUE MOI.
45
SUR CE...
YAKARI, APPROCHE !
?
POURQUOI NE VIENDRAIS-TU PAS VIVRE AVEC NOUS ?
JE PRENDRAIS SOIN DE VOUS DEUX ET...
MAIS... J'AI UNE FAMILLE, MOI !

ET ALORS ?
JE T'EN PRIE, MAMAN, N'INSISTE PAS !
DIS DONC, FISTON, TU N'ES PLUS LE MÊME, DEPUIS TON ESCAPADE...
TU NE TROUVES PAS QU'IL A CHANGÉ, MON PETIT ?
PEUT-ÊTRE QU'IL DEVIENT GRAND...
QUAND NAÎT CHEZ L'OISILLON L'IRRÉSISTIBLE DÉSIR DE VOLER DE SES PROPRES AILES, IL N'A PLUS QU'À QUITTER LE NID. AINSI VA LA VIE...
GRANDE EST LA SAGESSE DES CHOUETTES.
FIN
DERIB + JOB
17 III 2009